AF577867

Tante
Trines
traumhafter
Süßkram

# Tante Trines traumhafter Süßkram

## Rezepte aus dem Norden

Illustriert von Julia Beutling

Carl Schünemann Verlag

# Inhalt

Jeder Backofen ist anders.
Sie kennen das Eigenleben Ihres Backofens am besten.
Backzeiten und -temperaturen sollten daher individuell angepasst werden.

# Kuchen & Torten

# Käsekuchen ohne Boden

**125 g Butter**
**300 g Zucker**
**1 Pck. Vanillezucker**
**4 Eier (Größe M)**
**1 kg Magerquark**
**1 Pck. Vanillepuddingpulver**
**1 Pck. Backpulver**
**3 EL Grieß**
**Saft einer Zitrone**
**1 TL abgeriebene Zitronenschale**

- Die Butter schaumig schlagen, dann zuerst Zucker und Vanillezucker und im Anschluss die Eier unterrühren. Danach Quark, Vanillepuddingpulver, Backpulver und Grieß unterheben. Zuletzt den Zitronensaft hinzugeben und verrühren.
- Den leicht fließenden Teig in eine gefettete Springform (26 cm Ø) geben und im vorgeheizten Ofen bei 175 °C Ober-/Unterhitze 1 Stunde auf der mittleren Schiene backen, bis der Kuchen goldbraun ist.
- Zunächst leicht abkühlen lassen, dann erst den Rand der Form entfernen.

# Buttermilchblitzkuchen

400 g Mehl
200 g Zucker
(100 g für den Teig,
100 g zum Bestreuen)
evtl. 1 TL Zimt
1 ½ Pck. Backpulver
1 Pck. Vanillezucker
1 Prise Salz
1 l Buttermilch
2 Eier
100 g Mandelblättchen
400 g Schlagsahne

- Alle Zutaten mit dem Mixer verrühren und die Masse auf ein gefettetes Backblech gießen.
- 100 g Zucker (evtl. mit 1 TL Zimt) mit Mandeln vermischen und auf dem Teig verteilen.
- Bei 180 °C mit Ober-/Unterhitze im vorgeheizten Ofen ca. 25 Minuten backen. 5–10 Minuten vor Ende der Backzeit ein bis zwei Becher Sahne drüber verteilen und noch einmal für die verbliebene Zeit in den Ofen schieben.

**Den Buttermilchblitzkuchen können Sie noch backen, wenn Sie den Besuch schon kommen sehen …**

# Ingeborgs Rhabarbertorte

Backpapier
Etwas Butter
600 g Rhabarber
3 EL Zucker
1 Pck. Vanillezucker

**Für den Teig:**
75 g Butter
oder Margarine
150 g Zucker
Mark einer halben Vanilleschote
1 TL Zitronensaft
2 Eier
150 g Mehl
1 gehäufter TL Backpulver

**Für den Guss:**
1 Pck. roten Tortenguss
2 EL Zucker
125 ml Wasser
125 ml Himbeersirup
125 g Schlagsahne
3 EL Krokant

- Den Boden einer Springform (26 cm Ø) mit Backpapier auslegen und einfetten. Rhabarber putzen, abspülen und in 2 cm dicke Stücke schneiden. Mit Zucker und Vanillezucker süßen. Gleichmäßig auf dem Boden verteilen.
- Für den Teig Butter schaumig schlagen. Nach und nach Zucker, Vanillemark, Zitronensaft und Eier hinzufügen. Mehl und Backpulver mischen und esslöffelweise unterrühren. Teig gleichmäßig auf den Rhabarber streichen. Torte bei 175–200 °C Ober-/Unterhitze im vorgeheizten Ofen 40–50 Minuten backen. Anschließend die Torte auf einen Küchenrost stürzen und abkühlen lassen.
- Tortengusspulver, Zucker, Wasser und Sirup verquirlen und bei mäßiger Hitze unter ständigem Rühren zum Kochen bringen und auf der Torte verstreichen. Geschlagene Sahne auf dem Guss verteilen und mit Krokant bestreuen.

# Trautes Erdbeerbiskuitrolle

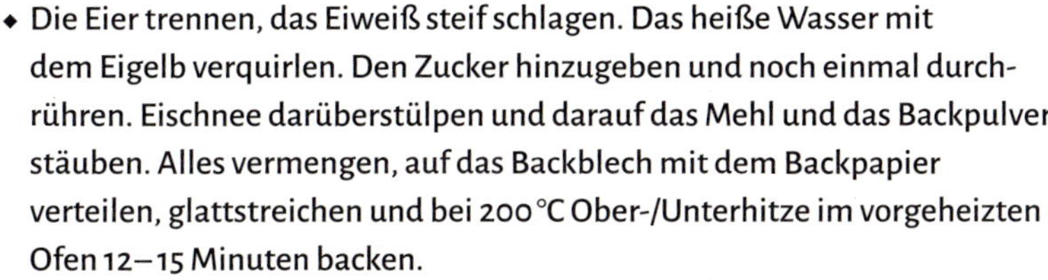

**4 Eier**
**150 g Zucker**
**100 g Mehl**
**2 gestrichene TL Backpulver**
**4 EL heißes Wasser**
**200 g Erdbeeren**
**375 g Schlagsahne**
**1 ½ Tütchen Sahnesteif**
**Puderzucker zum Bestäuben**
**Backpapier**
**1 gezuckertes Handtuch**

- Die Eier trennen, das Eiweiß steif schlagen. Das heiße Wasser mit dem Eigelb verquirlen. Den Zucker hinzugeben und noch einmal durchrühren. Eischnee darüberstülpen und darauf das Mehl und das Backpulver stäuben. Alles vermengen, auf das Backblech mit dem Backpapier verteilen, glattstreichen und bei 200 °C Ober-/Unterhitze im vorgeheizten Ofen 12–15 Minuten backen.
- Anschließend den Biskuit auf das gezuckerte Handtuch stürzen – Backpapier vorsichtig abziehen – einrollen und erkalten lassen.
- Die Erdbeeren in kleine Stücke schneiden, Sahne mit Sahnesteif steif schlagen und die Erdbeeren unterheben.
- Den Biskuit wieder ausrollen. Die Sahnemasse gleichmäßig auf die Platte streichen, wieder zusammenrollen und für mindestens 3 Stunden kaltstellen.
- Wer mag, garniert die Biskuitrolle noch mit Sahne und Erdbeeren. Ansonsten einfach mit Puderzucker bestäuben.

# Apfelkuchen aus dem Alten Land

6 säuerliche Äpfel
(z. B. Boskoop oder
Holsteiner Cox)
2 El Zitronensaft
125 g weiche Butter
100 g Zucker
1 Pck. Vanillezucker
1 Prise Salz
2 Eier
175 g Mehl
½ Pck. Backpulver
2 EL Aprikosenmarmelade
2 EL Mandelblättchen
Puderzucker zum Bestäuben

- Eine Springform (26 cm Ø) fetten und mit Mehl ausstäuben. Die Äpfel halbieren, schälen und entkernen. Die Wölbung der Apfelhälften mehrmals längs einschneiden, dann die Äpfel sofort mit Zitronensaft beträufeln, damit sie nicht braun werden.
- Butter, Zucker, Vanillezucker und Salz etwa 3–4 Minuten cremig rühren. Eier einzeln unterrühren, Mehl und Backpulver darüber sieben und kurz unterrühren.
- Den Teig in die Springform füllen und glattstreichen. Die Apfelhälften mit der Wölbung nach oben auf den Teig legen. Bei 175 °C Ober-/Unterhitze (Umluft 150 °C) im vorgeheizten Ofen 40–45 Minuten backen.
- Die Aprikosenmarmelade glattrühren und die Äpfel etwa 10 Minuten vor Ende der Backzeit damit bestreichen. Mit Mandelblättchen bestreuen und zu Ende backen. Den Kuchen auskühlen lassen und mit Puderzucker bestäuben.
- Mit geschlagener Sahne oder einer Kugel Vanilleeis servieren.

## Die schöne Helena

Das Rezept für „Birne Helene" ist ein Klassiker, der schon von unseren Großmüttern zubereitet wurde. Tatsächlich hat es jedoch seinen Ursprung im Paris des späten 19. Jahrhunderts. Der Meisterkoch der Haute Cuisine August Escoffier kreierte die Köstlichkeit anlässlich der Uraufführung von Jacques Offenbachs Operette „Die schöne Helena" – es heißt, zu Ehren der Hauptdarstellerin, die den Meisterkoch inspiriert hatte. Im Original werden frische Birnen geschält, in Läuterzucker pochiert und nach dem Auskühlen auf Vanilleeis angerichtet. Kandierte Veilchen dienen als i-Tüpfelchen des Desserts. Die heiße Schokoladensoße wird separat gereicht. In diesem Kuchenrezept kommt die schöne Helene „unter die Haube".

# Helene unter der Haube

**250 g Mehl**
**125 g Butter**
**75 g Zucker**
**1 Ei**
**2 TL Backpulver**

**Für die Fruchtmasse:**
**1 kg Birnen**
**750 ml Birnensaft**
**5 EL Zucker**
**2 Pck. Vanillepuddingpulver**
**Zimt**

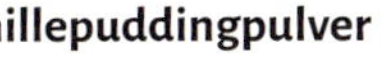

**Für die Sahneschicht:**
**400 g Schlagsahne**
**Zimt**

- Die Birnen schälen und kleinschneiden. Den Birnensaft mit Zimt, Zucker und Vanillepuddingpulver kurz aufkochen lassen. Dann die Birnen unter die Masse rühren.
- Mehl, Butter, Zucker, Backpulver und Ei zu einem Mürbeteig verarbeiten. Eine Springform (26 cm Ø) mit dem Teig auslegen, den Rand etwas hochziehen. Die Birnenmasse auf den Teig geben, und das Ganze bei 175 °C Ober-/Unterhitze im vorgeheizten Ofen 75 Minuten backen.
- Sahne schlagen und auf dem vollkommen abgekühlten Kuchen verteilen, mit etwas Zimt bestreuen.

# Apfelkuchen mit Teiggitter

**500 g Mehl**
**1 Pk. Trockenhefe**
**100 g Zucker**
**1 Prise Salz**
**250 ml Milch**
**80 g Butter**
**4 EL geriebene Haselnüsse**

**Für den Belag:**
**2 kg säuerliche Äpfel (geschält, geviertelt, in feine Stücke geschnitten)**
**150 g Zucker**
**1 Pck. Vanillezucker**
**Saft einer Zitrone**
**Zimt**
**Hagelzucker zum Bestreuen**

- In einem Topf Äpfel, 2 EL Wasser, Zucker, Zitronensaft, Vanillezucker und Zimt zum Kochen bringen und zehn Minuten bei schwacher Hitze garen. Erkalten lassen.
- Mehl in eine Schüssel geben, Hefe, Zucker und Salz unterrühren. Milch und Butter erwärmen, zu den anderen Zutaten geben und mit einem Knethaken zu einem Teig verkneten. Diesen 30 Minuten an einem warmen Ort gehen lassen.
- Backblech einfetten, zwei Drittel des Teigs auf dem Blech ausrollen, Haselnüsse darauf streuen. Das abgekühlte Apfelkompott darauf verteilen. Den restlichen Teig auf einer bemehlten Fläche dünn ausrollen, in ½ cm dünne Streifen schneiden und diagonal in Abständen von 2–3 cm auf das Apfelmus legen. Die Enden mit dem Messerrücken andrücken.
- Bei 225 °C Ober-/Unterhitze im vorgeheizten Backofen ca. 20 Minuten backen. Mit Hagelzucker bestreuen und weitere 5 Minuten backen.

# Kirschstreuselkuchen

150 g Weizenmehl
100g Zucker
1 Pck. Vanillezucker
1 Prise Salz
1 Ei
100 g Butter

**Für die Füllung:**
700 g Kirschen
(frisch, entsteint oder aus dem Glas)
1 Messerspitze Zimt

**Für die Streusel:**
150 g Weizenmehl
100g Zucker
1 Pck. Vanillezucker
1 Prise Salz
100 g Butter

- Alle Zutaten für den Teig mit dem Knethaken durcharbeiten, zwei Drittel des Teiges auf dem gefetteten Boden einer Springform (26 cm Ø) ausrollen, mehrmals mit einer Gabel einstechen, bei 180–200 °C Ober-/Unterhitze 10–12 Minuten im vorgeheizten Ofen vorbacken und anschließend auskühlen lassen.
- Den Rest des Teiges erst zu einer Rolle und dann daraus einen etwa 2 cm hohen Rand formen. Der Rand wird erst beim zweiten Durchgang mitgebacken. Die abgetropften Kirschen auf den vorgebackenen Boden geben und mit etwas Zimt bestreuen. Aus Mehl, Zucker, Vanillezucker und Butter Streusel formen und auf die Kirschen geben.
- Bei 200–220 °C Ober-/Unterhitze im vorgeheizten Ofen 40 Minuten backen.

# Friesentorte

**540 g Blätterteig**
**(2 Pck., frisch aus dem Kühlregal)**
**300 g Pflaumenmus**
**500 g Schlagsahne**
**2 Pck. Sahnesteif**
**2 EL Puderzucker**
**50 g geröstete Mandelblättchen**
**Puderzucker zum Bestäuben**

- Den frischen Blätterteig aus der Packung nehmen und auseinanderrollen.
- Mit einer runden Kuchenform (ca. 26 cm ø) zwei Böden ausstechen und aus dem restlichen Teig 12–14 schmale Dreiecke ausschneiden (sie kommen später oben auf die Sahne) und auf zwei Backbleche verteilen.
- Die Böden und die Dreiecke mit 1 TL Wasser bestreichen und mit der Gabel mehrmals einstechen. Dann bei 200 °C Ober-/Unterhitze (Umluft 175 °C) im vorgeheizten Backofen 12–15 Minuten backen und anschließend abkühlen lassen.
- Für die Füllung auf dem ersten Boden Pflaumenmus verstreichen, den Rand aussparen. Die Sahne mit dem Sahnesteif und dem Puderzucker steif schlagen und anschließend 200 g bis zum Rand glatt auf dem Boden verteilen. Dann das Ganze mit dem zweiten Boden wiederholen. Anschließend die Deckschicht aus Blätterteigdreiecken mit der Unterseite nach oben auflegen, leicht andrücken und mit etwas Puderzucker bestäuben.
- Den Tortenrand mit der restlichen Sahne bestreichen und mit gerösteten Mandelblättchen verzieren. Circa eine Stunde kaltstellen und dann genießen!

# Oma Bertas Bodderkoken

**500 g Mehl**
**1 Würfel Hefe**
**75 g Zucker**
**1 Ei**
**1 Prise Salz**

**75 g zerlassene Butter**
**250 ml lauwarme Milch**

**Für den Belag:**
**100 g kalte gesalzene Butter**
**75 g Zucker**
**1 Eigelb**
**150 g Sahne**
**100 g Mandelblättchen**

- Die Butter in der Hälfte der Milch erwärmen und mit der Hefe sowie etwas Zucker in einer kleinen Schüssel verrühren, einige Löffel Mehl zugeben, sodass ein glatter Vorteig entsteht. Die Schüssel abdecken und den Teig 15 Minuten an einem warmen Ort gehen lassen.
- Das restliche Mehl, die restliche Milch, ein Ei und eine Prise Salz in eine Schüssel geben und mit dem Vorteig verkneten. Das Ganze einige Minuten kräftig durchwalken und schlagen. Den Teigklumpen anschließend eine weitere Viertelstunde an einem warmen Ort ohne Zugluft gehen lassen.
- Zucker und Eigelb mit einem Messer krümelig hacken.
- Ein Backblech mit Butter einfetten, den Teig gleichmäßig darauf verteilen und mit einer Gabel Löcher hineinstechen, damit der Kuchen später nicht beulig wird.
- Den Teig auf dem Backblech mit Geschirrtüchern abdecken und ruhen lassen. Danach mit dem Finger oder mit dem Stiel eines Holzlöffels kleine Mulden in den Teig drücken und Butterflöckchen (gesalzene Butter) in den Vertiefungen verteilen. Alles mit Zucker-Ei-Streuseln und Mandeln bestreuen.
- Bei 200 °C Ober-/Unterhitze im vorgeheizten Backofen ca. 15 Minuten backen. Mit Sahne begießen und nochmals 5 Minuten weiterbacken.

# Krümeltorte

von Oma Timm

150 g Butter
200 g Mehl
150 g Zucker
40 g Speisestärke
1 Ei
1 TL Backpulver
1 Pck. Vanillezucker

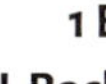

Für den Belag:
ca. 700 g Obst
Äpfel wie Cox Orange oder Boskoop (geschält, entkernt und kleingeschnitten),
Pflaumen (entsteint und kleingeschnitten),
Kirschen (entsteint) oder Stachelbeeren

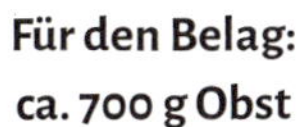

- Alle Teigzutaten mischen und mit dem Knethaken oder zwischen den Fingern zerkrümeln. Zwei Drittel des Teiges in einer Springform (26 cm Ø) als Boden festdrücken, einen kleinen Rand hochziehen, ungekochtes Obst darauf verteilen und den restlichen Teig darüber krümeln. Nach Belieben Zucker und Zimt oder gehackte Nüsse über das Obst geben.
- Bei 175–180 °C Ober-/Unterhitze im vorgeheizten Ofen etwa 45 Minuten backen.

## Nomen est omen?

Anders als der Name vermuten lässt, ist Buchweizen ist kein Getreide, sondern ein Knöterichgewächs. Früher wuchs Buchweizen sehr gut auf den kargen Moor- und Heideböden Niedersachsens und war wichtiger Bestandteil der bäuerlichen Küche in Nordwestdeutschland. Buchweizenkörner haben einen sehr hohen Eiweißgehalt und sind damit besonders gesund. Interessant für Menschen mit einer Unverträglichkeit: Buchweizen enthält kein Gluten.

# Buchweizenkuchen

150 g Buchweizenmehl
30 g Speisestärke
150 g gemahlene Haselnüsse
100 g geraspelte Schokolade
(70 % Kakaoanteil)
1 Pck. Backpulver
1 Msp. Zimt

6 Eier (getrennt)
Salz
200 g Zucker
200 g weiche Butter
1 Glas Preiselbeeren (320 g)
1 El Puderzucker

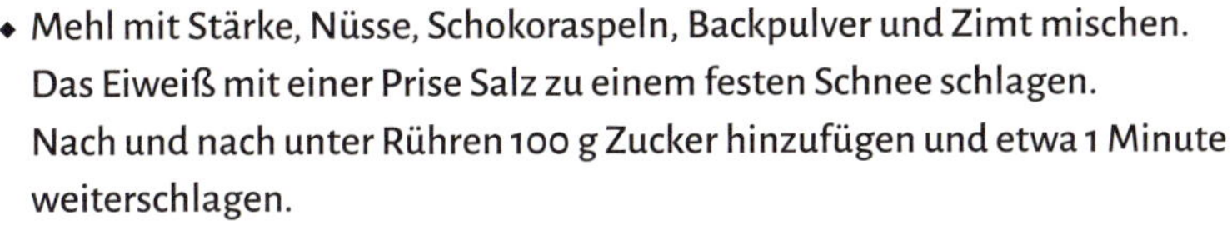

- Mehl mit Stärke, Nüsse, Schokoraspeln, Backpulver und Zimt mischen. Das Eiweiß mit einer Prise Salz zu einem festen Schnee schlagen. Nach und nach unter Rühren 100 g Zucker hinzufügen und etwa 1 Minute weiterschlagen.
- Butter mit 100 g Zucker mindestens 8 Minuten cremig schlagen. Nach und nach das Eigelb unterrühren und etwa 1 Minute weiterschlagen. Die Mehlmischung nach und nach zugeben und unterrühren. Den Eischnee vorsichtig mit einem Holzlöffel unterheben.
- Die Hälfte des Teiges in eine gefettete Springform (26 cm Ø) geben, und die Hälfte der Preiselbeeren auf dem Teig verteilen. Den restlichen Teig darüber geben und die andere Hälfte der Preiselbeeren darauf verteilen.
- Bei 180 °C Ober-/Unterhitze (Umluft 160 °C) im vorgeheizten Ofen im unteren Drittel 50 Minuten backen. Nach 30 Minuten mit Alufolie abdecken und zu Ende backen.
- Den abgekühlten Kuchen mit Puderzucker bestreuen.

# Duftkuchen

500 g Mehl
250 ml warme Milch
1 Ei
80 g Butter
100 g Zucker
1 Würfel Hefe
1 TL Salz

Für die Soße:
1 kg Birnen
1 TL abgeriebene Schale einer unbehandelten Zitrone
1 Pck. Vanillezucker
1 Stange Zimt
1 gehäuften EL Speisestärke

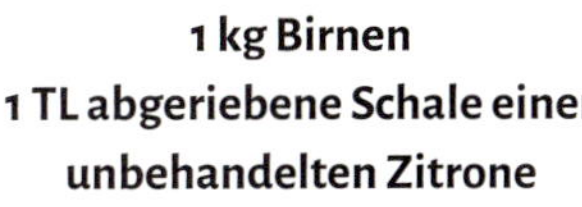

- Die Zutaten für den Kuchen gut miteinander vermengen und anschließend eine halbe Stunde an einem warmen Ort ruhen lassen. In der Zwischenzeit die Birnen schälen, entkernen und vierteln, zusammen mit der Zimtstange und der Zitronenschale in einen großen Topf geben. Das Ganze mit Wasser auffüllen, bis es bedeckt ist.
- Den Teig in ein Geschirrtuch oder eine Stoffwindel legen und so am Topfdeckel befestigen, dass der Teig über den Birnen hängt. Alles gemeinsam bei mittlerer Hitze 45 Minuten garen lassen. Den fertigen Kuchen beiseitestellen, etwas Flüssigkeit aus dem Topf entnehmen, abkühlen lassen, mit Stärke und Vanillezucker verrühren und in den Topf zurückgeben. Kurz aufkochen lassen und anschließend den Duftkuchen heiß servieren.

# Eierlikörkuchen

**125 g Weizenmehl**
**125 g Speisestärke**
**3 gestr. TL Backpulver**
**250 g Puderzucker**
**2 Pck. Vanillezucker**
**150 g Butter**
**125 ml Joghurt**
**250 ml Eierlikör**
**5 Eier**

- Die Gugelhupfform fetten und mehlen. Das Mehl mit Speisestärke und Backpulver in einer Rührschüssel vermengen, alle weiteren Zutaten hinzufügen und alles mit einem Handrührgerät auf höchster Stufe mindestens 1 Minute schaumig rühren.
- Den Teig in die Gugelhupfform füllen und auf dem Rost im unteren Drittel bei 180 °C Ober-/Unterhitze (Umluft 160 °C) im vorgeheizten Backofen für ca. 60 Minuten backen.
- Den Kuchen 10 Minuten in der Form stehen lassen und anschließend auf einen Kuchenrost stürzen und abkühlen lassen.

# Honigkuchen

100 g Butter
125 g kräftigen Honig
3 Eier, leicht verquirlt
60 g brauner Zucker
275 g Mehl
1 ½ TL Natron
3 TL gemahlener Zimt
2 TL gemahlener Ingwer
1 TL gemahlene Nelken
2 EL fein abgeriebene Orangenschale (Bio)
200 g Crème fraîche
Butter für die Form

- Kastenform einfetten und mit Backpapier auslegen.
- Butter und Honig in einem Topf schmelzen und abkühlen lassen. Inzwischen die Eier und den braunen Zucker mit dem Mixer hell schaumig schlagen. Mehl zusammen mit den Gewürzen und dem Natron hineinsieben und alles mischen. Dann die Honigbutter unterheben, Orangenschale und Crème fraîche dazugeben, mit einem Holzlöffel verrühren.
- Den Teig in der Kastenform bei 180 °C Ober-/Unterhitze 1 Stunde backen, Garprobe machen, herausnehmen und auf dem Kuchengitter abkühlen lassen.
- Für die Glasur 2–3 EL Organgensaft mit 160 g Puderzucker und 1 EL abgeriebene Orangenschale glattrühren und den abgekühlten Kuchen bestreichen.

**Dazu passt eine Tasse mit starkem schwarzen Tee.**

# Großer Hans

**500 g Mehl**
**250 g Butter**
**3 Eier (Größe L)**
**2 Tassen Milch**
**1 Pck. Backpulver**
**200 g Zucker**
**100 g Rosinen**
**Puderzucker**

- Die Eier trennen, das Eiweiß zu Schnee schlagen. Die Butter schaumig rühren, Zucker und Eigelb dazugeben und nach und nach das Mehl mit dem Backpulver sowie die Milch hinzufügen. Anschließend Rosinen und den Eischnee unterheben.
- Die Masse in einen verschließbaren Puddingtopf füllen und 90 Minuten im Wasserbad garen. Danach etwas abkühlen lassen und stürzen. Mit Puderzucker bestäuben und servieren.

**Am besten passt dazu Kirschkompott mit Zimt.**

# Bremer Wickelkuchen

**500 g Mehl**
**50 g Hefe**
**250 ml Milch**
**100 g Butter**
**50 g Zucker**

**Für die Füllung:**
**150 g Zucker**
**100 g gestiftelte Mandeln**
**200 g Rosinen**
**150 g Butter**
**etwas Zimt**
**etwas abgeriebene Schale**
**einer unbehandelten Zitrone**

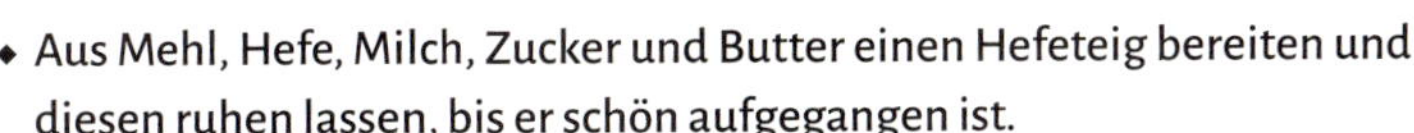

- Aus Mehl, Hefe, Milch, Zucker und Butter einen Hefeteig bereiten und diesen ruhen lassen, bis er schön aufgegangen ist.
- Den Teig anschließend zu einem länglichen, etwa ½ cm dicken Rechteck ausrollen und mit flüssiger Butter bestreichen. Zucker, Mandeln, Rosinen, Butter, Zimt und Zitronenschale miteinander vermischen und auf den ausgerollten Teig geben.
- Den Teig nun von zwei Seiten zur Mitte hin aufrollen, danach noch einmal etwa zehn Minuten ruhen lassen.
- Zum Schluss den gerollten Teig an der Oberseite mehrfach einschneiden.
- Bei 180 °C Ober-/Unterhitze im vorgeheizten Backofen für circa 40–50 Minuten backen.

# ACHTUNG, KÜCHENCHAOS

**Krollkuchen** (S. 45)
Die Butter mit dem Kandis in heißem Wasser auflösen.

**Braune Kuchen** (S. 57)
Dieses Rezept ergibt kein Kleingebäck, sondern einen leckeren Blechkuchen. Teig wie angegeben zubereiten und auf ein mit Backpapier belegtes Backblech geben. Geheimtipp von Tante Trine: Schmeckt besonders gut mit Schokoglasur.

ENTSCHULDIGUNG!

# Kleingebäck

# Leckere Röllchen mit Tradition

**Neujahrskuchen | Neujahrhörnchen | Neejahrskoken | Eiserkuchen | Hippe | Klemmkuchen | Knappkouk | Krüllkuchen | Piepkuchen | Rullerkes**

Das hauchzarte Gebäck blickt auf eine uralte Tradition zurück. Die älteste Beschreibung, in der Krollkuchen erwähnt werden, stammt aus dem 16. Jahrhundert. Ein Krollkucheneisen war in früheren Jahrhunderten fester Bestandteil der Aussteuer, mit der eine Frau in die Ehe ging.

# Krollkuchen

**500 g Kandiszucker**
**1 l Wasser**
**1 Pck. Vanillezucker**
**1 kg Mehl**
**3–5 Eier**
**500 g Butter**
**nach Belieben Anis, Zimt, Kardamom**

- Den Kandis in einen Topf geben und bei mittlerer Hitze in 1 l Wasser auflösen, Vanillezucker dazugeben, anschließend abkühlen lassen. Das Mehl sieben, die Eier hinzufügen und das erkaltete Zuckerwasser sowie Gewürze nach Geschmack unterrühren. Mit dem Mixer alles zu einem glatten Teig verarbeiten.
- Wenn der Teig nachdickt, etwa 500 ml Wasser nachgießen, sodass der Teig sich leicht vom Löffel ablöst und die Krollkuchen nicht zu dick werden.
- Das Krollkucheneisen auf Stufe 3 stellen, Teig löffelweise darauf geben und backen. Die gebackenen Kuchen zügig aus dem Eisen nehmen und über einen Holzlöffel zu einem Hörnchen drehen. Alternativ kann man mit einem speziellen Hörnchenroller aus Holz arbeiten.
- Die fertigen Krollkuchen über Nacht unbedeckt abkühlen lassen. Backpapier zwischen die Lagen geben. Die Dose erst am Morgen verschließen und an einen nicht zu kalten Ort stellen.

**Krollkuchen schmecken pur oder mit Schlagsahne gefüllt.**

BUTTE

# Franzbrötchen

**275 ml Milch**
**70 g Butter**
**500 g Mehl**
**1 Würfel Hefe**
**70 g Zucker**
**1 Pck. Vanillezucker**
**1 Prise Salz**

**Für die Füllung:**
**100 g weiche Butter**
**100 g Zucker**
**E TL Zimt**
**etwas Mehl für die Teigverarbeitung**
**2 EL Milch zum Bestreichen**

- Für den Teig Milch in einem Topf mit der Butter erwärmen, bis die Butter geschmolzen ist. Mehl in eine Schüssel geben, Hefe darüber bröseln. Die übrigen Zutaten dazugeben und mit der Milch-Buttermischung verrühren und das Ganze etwa 5 Minuten zu einem glatten Teig kneten. Anschließend den Teig an einem warmen Ort etwa eine halbe Stunde gehen lassen, bis er sich deutlich vergrößert hat.
- Für die Füllung Butter mit Zucker und Zimt verrühren. Den Teig auf einer leicht bemehlten Arbeitsfläche kurz durchkneten und zu einem Rechteck (60 x 28 cm) ausrollen. Die Füllung auf dem Teig verstreichen. Über die lange Seite fest aufrollen und mit einem Messer leicht angeschrägte Stücke abschneiden.
- Die Teigstücke mit der längeren Seite nach unten auf die Arbeitsfläche legen und die schmalere Seite mit dem Stiel eines Kochlöffels nach unten drücken, sodass sich die aufgewickelten Seiten nach oben drehen. Die Franzbrötchen anschließend mit etwas Abstand auf ein mit Backpapier belegtes Backblech legen und weitere 10 Minuten gehen lassen. Die Brötchen danach mit Milch bestreichen und auf der mittleren Schiene bei 180 °C Ober-/Unterhitze (160 °C Umluft) im vorgeheizten Ofen etwa 15 Minuten backen.

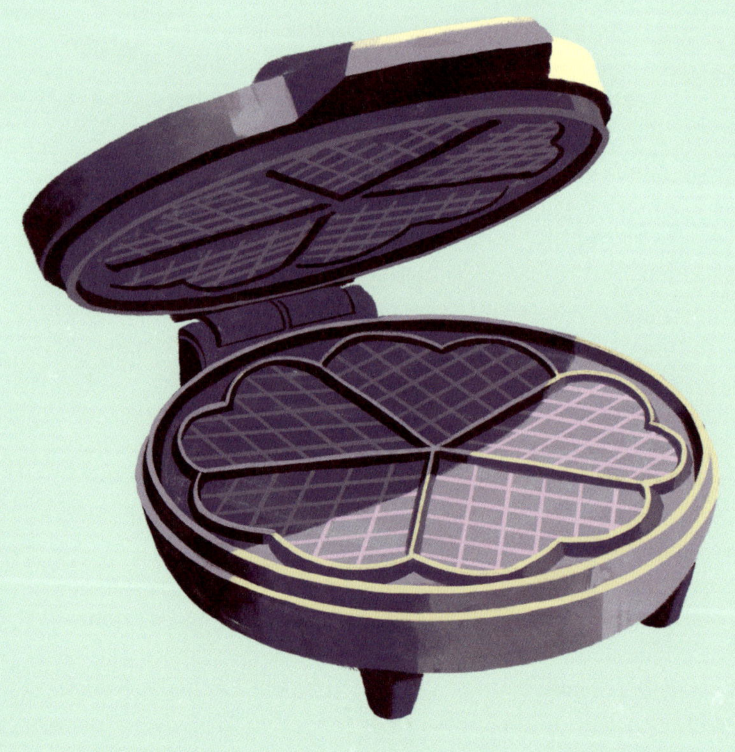

# Quarkwaffeln

**250 g Butter**
**200 g Zucker**
**1 Pck. Vanillezucker**
**8 Eier**
**250 g Magerquark**
**250 g Mehl**
**1 Prise Salz**
**Puderzucker zum Bestäuben**

- Die Butter glatt rühren und nach und nach die übrigen Zutaten hinzufügen.
- Das Waffeleisen vorheizen und jeweils 2 gehäufte EL Teig auf das Waffeleisen geben.
- Jede Waffel etwa 1–2 Minuten goldbraun backen und zum Schluss mit Puderzucker bestreuen.

# Heidesand

**220 g weiche Butter**
**125 g Zucker**
**1 Ei (Größe S)**
**375 g Weizenmehl**

- Für den Mürbeteig die weiche Butter mit dem Zucker einige Minuten lang schaumig rühren. Das Ei unterrühren und zuletzt das Mehl dazugeben. Den Teig noch einmal mit den Händen kurz durchkneten. Anschließend den Teig in 4 Portionen teilen und mindestens 30 Minuten kaltstellen.
- Jede Portion nacheinander zu einer Teigrolle mit ca. 2–3 cm Durchmesser formen – je nachdem, wie groß die Kekstaler werden sollen. Am schönsten werden die Rollen, wenn man die etwas platt gedrückte und länglich geformte Teigportion in Frischhaltefolie wickelt und hin und her rollt.
- Die in Frischhaltefolie gewickelten Rollen noch einmal für etwa 20–30 Minuten im Tiefkühlfach kaltstellen. Herausnehmen und mit einem großen, scharfen Messer in etwa 1 cm breite Taler schneiden. Die Taler eventuell noch einmal kurz kühlen, damit sie besser ihre Form behalten.
- Anschließend die Heidesandtaler auf mit Backpapier versehen Backbleche legen und bei 175 °C Ober-/ Unterhitze im vorgeheizten Backofen rund 10–15 Minuten goldgelb (nicht zu dunkel!) backen.

# Bremer Brot

250 g weiche Butter
400 g Zucker
2 Eier
500 g Mehl
½ Pck. Backpulver

25 g Kakaopulver
1 gehäufter TL Zimt
½ TL gemahlene Nelken
250 g gemahlene Haselnüsse

Für den Guss:
50 g Pistazien
1 unbehandelte Zitrone
200 g Puderzucker

- Für den Teig am Vortag Butter und Zucker in einer großen Schüssel mit dem Mixer 8–10 Minuten weiß und cremig aufschlagen. Die Eier nacheinander unterrühren. Mehl, Backpulver, Kakao und Gewürze mischen, nach und nach unter die Eicreme geben. Zum Schluss gemahlene Haselnüsse unterkneten und den Teig zu einem flachen Ziegel formen. Gut abgedeckt über Nacht in den Kühlschrank legen.
- Teig am nächsten Tag bei Zimmertemperatur etwa 1 Stunde ruhen lassen, damit er weicher wird, und dann auf einem mit Backpapier ausgelegten Backblech ausrollen. Damit das Blech nicht verrutscht, am besten ein feuchtes Tuch unterlegen. Bei 200 °C Ober-/Unterhitze (180 °C Umluft) im vorgeheizten Backofen auf der mittleren Schiene etwa 15 Minuten backen. Herausnehmen und sofort in kleine Quadrate von etwa 3–4 cm Seitenlänge schneiden. Teig auf dem Blech etwas abkühlen lassen.
- Pistazienkerne grob hacken. Etwa 3 EL Zitronensaft und Puderzucker zu einem dickflüssigen Guss verrühren und das noch warme »Brot« auf der Oberseite damit bestreichen. Mit Pistazien bestreuen. Auf einem Kuchengitter ganz abkühlen lassen. In einer gut schließenden Dose halten sich die Stücke etwa 3 Wochen.

**Der Guss muss dickflüssig und gut deckend sein – die Plätzchen heißen nämlich so, weil sie an Schwarzbrot mit Butter und Schnittlauch erinnern sollen.**

# Ballbäuschen oder Bombeisges

sind in Ostfriesland auch als Prüllkers bekannt und werden traditionell zu Silvester oder am Neujahrstag gegessen. Sie werden wie in diesem Rezept in der Pfanne ausgebacken oder in einer speziellen Krapfenpfanne zubereitet.

# Idas Ballbäuschen

**100 g Butter**
**50 g Zucker**
**1 Pck. Vanillezucker**
**2 Eier**
**250 g Mehl**
**2 gestrichene TL Backpulver**
**4 EL Milch**
**Ausreichend Öl, Schweineschmalz oder Kokosfett für die Pfanne**
**Puderzucker zum Bestäuben**

- Das Fett schaumig rühren und nach und nach Zucker, Vanillezucker und Eier hinzugeben. Abwechselnd das mit Backpulver vermischte Mehl und Milch unterrühren und darauf achten, dass man nur so viel Milch verwendet, dass der Teig schwer reißend vom Löffel fällt.
- Anschließend mit einem in Fett getauchten Teelöffel kleine Teigbällchen abstechen und in siedendem Fett schwimmend auf beiden Seiten goldgelb backen.
- Mit einem Schaumlöffel aus dem Fett nehmen, gut abtropfen lassen und mit etwas Puderzucker bestreuen.

# Braune Kuchen

**150 g Butter**
**200 g Zucker**
**3 Eier**
**1 Becher Zuckerrübensirup (450 g)**
**500 g Mehl**
**1 TL Natron**
**1 Pck. Lebkuchengewürz**
**1 Pck. Backpulver**
**150 ml Buttermilch**

- Butter mit Zucker schaumig rühren. Die Eier unterrühren. Den Sirup über die Masse laufen lassen, mit etwas Mehl bestäuben und unterrühren.
- Mehl, Natron, Backpulver, Gewürz mischen und ebenfalls unterrühren. Anschließend die Buttermilch zugeben und alles gut kneten.
- Den Teig ausrollen und mit Ausstechformen ausstechen. Die braunen Kuchen bei 200 °C Ober-/Unterhitze (180 °C Umluft) im vorgeheizten Backofen ca. 20 Minuten backen.
- Auskühlen lassen.

# Bremer Kaffeebrot

**500 g Mehl**
**1 Würfel Hefe**
**1/2 TL Salz**
**2 TL Zucker**
**250 ml warmes Wasser**

**1 Ei**
**Milch**
**Zucker & Zimt**

- Hefe im warmen Wasser auflösen und mit Mehl, Zucker, Ei und Salz vermengen. Teig circa 20 Minuten an einem warmen Ort zugedeckt gehen lassen. Anschließend den Teig erneut durchkneten und zu zwei langen, etwa sechs Zentimeter dicken Rollen formen. Wieder ungefähr 20 Minuten ruhen lassen. Anschließend mit etwas Milch bestreichen. Die Brote dann für etwa 30 Minuten bei 200 °C Ober-/Unterhitze backen. Auskühlen lassen und anschließend in dünne Scheiben schneiden.
- Immer jeweils eine Seite der Brotscheiben mit Wasser befeuchten und in Zucker und Zimt drücken. Auf ein Backblech legen – die gezuckerte Seite nach oben. Bei 120 °C Umluft im vorgeheizten Backofen 20–30 Minuten trocknen, bis sie kross sind.
- Nach dem Abkühlen in Blechdosen aufbewahren.

**Frohe Weihnachten!**
**Besonders gerne essen die Bremer ihr Kaffeebrot in der Weihnachtszeit. Dann wird das Gebäck in Kaffee, weihnachtlichen Tee oder Kakao gestippt. Es ist zwar kein Plätzchen, sondern eher ein dünner Zwieback, aber den Bremern entlockt es sofort Weihnachtsgefühle!**

*Hirschhornsalz dient als Backtriebmittel, das den Teig lockermacht, ohne dass er zu stark aufgeht. Der strenge Geruch nach Ammoniak, der beim Backen entsteht, verfliegt, wenn die Schmalznüsse abkühlen.

# Schmalznüsse

**100 g Schweineschmalz ohne Grieben (oder Butterschmalz)**
**75 g weiche Butter**
**100 g Mehl**
**75 g Speisestärke**
**175 g Puderzucker**
**½ Vanilleschote**
**1 gehäufter TL Hirschhornsalz***
**evtl. 1 EL Kakao**

- Schmalz, Butter, Mehl, Stärke und Puderzucker in eine Schüssel geben. Die Vanilleschote längs aufschneiden, das Mark herauskratzen und dazugeben. Hirschhornsalz durch ein Sieb darüber streuen. Alle Zutaten mit den Knethaken des Mixers und dann mit den Händen zu einem glatten Teig verkneten. Anschließend den Teig abgedeckt für 1 Stunde kaltstellen.
- Den Teig mit den Händen zu etwa kirschgroßen Kugeln rollen und auf mit Backpapier ausgelegte Backbleche setzen. Mit dem Finger eine Delle eindrücken. Bei 160 °C Ober-/Unterhitze (140 °C Umluft) im vorgeheizten Ofen auf der mittleren Schiene etwa 12–15 Minuten backen. Die Plätzchen sollten schön hell bleiben. Die Schmalznüsse aus dem Ofen nehmen und auf einem Kuchengitter auskühlen lassen.
- Wer mag, kann auch etwa 1 EL Kakao in den Teig geben, damit die Schmalznüsse eine Schokoladennote bekommen. Oder man bereitet gleich die doppelte Teigmenge zu, halbiert den Teig und verknetet eine Hälfte mit Kakao. In einer gut schließenden Dose mit Backpapier zwischen den Lagen sind die norddeutschen Klassiker etwa 3–4 Wochen haltbar.

# Desserts

# Erdbeerkaltschale

**500 g Erdbeeren**
**5 EL Puderzucker**
**1 Pck. Vanillezucker**
**1 EL Zitronensaft**
**500 ml Wasser**
**2 EL Speisestärke**

- Die Erdbeeren waschen, die Hälfte davon putzen, sehr klein schneiden und in einen Topf geben. Die restlichen Erdbeeren beiseitelegen zur abschließenden Verzierung.
- Puderzucker, Vanillezucker und Zitronensaft hinzugeben. Alles zu einer einheitlichen glatten Masse pürieren. Das Wasser hinzufügen. Ein paar EL von der kalten Flüssigkeit aus dem Topf abnehmen und darin die Speisestärke anrühren. Anschließend alles kurz aufkochen.
- Den Topf von der Herdplatte ziehen und die glattgerührte Speisestärke mit Hilfe eines Schneebesens zügig unterrühren. Auf den Herd zurückstellen, einmal unter Rühren aufkochen lassen und dann zum Abkühlen zur Seite stellen.
- Anschließend in eine Schüssel umfüllen und im Kühlschrank gut durchkühlen lassen. Die aufbewahrten Erdbeeren in mundgerechte Stücke schneiden und mit in die Erdbeerkaltschale geben.

**An heißen Sommertagen ist eine Kaltschale ein erfrischendes, leichtes Mittagessen.**

# Buttermilchsuppe mit Backpflaumen

**100 g Backpflaumen**
**100 g Perlgraupen**
**1 l Buttermilch**
**3 gestrichene EL Zucker**
**1 Prise Salz**

- Backpflaumen in einem Topf einige Stunden oder über Nacht in Wasser einweichen. Wenn die Backpflaumen weich sind, die Perlgraupen hineinrühren, vorsichtig salzen, dann das Ganze kurz aufkochen und anschließend etwa 30 Minuten köcheln lassen.
- Den Topf vom Herd nehmen, Zucker und Buttermilch unterziehen.
- Anschließend alles noch einmal unter Rühren heiß werden lassen, ohne dass die Suppe erneut kocht.

# Grüne Grütze

**für 4 Portionen**

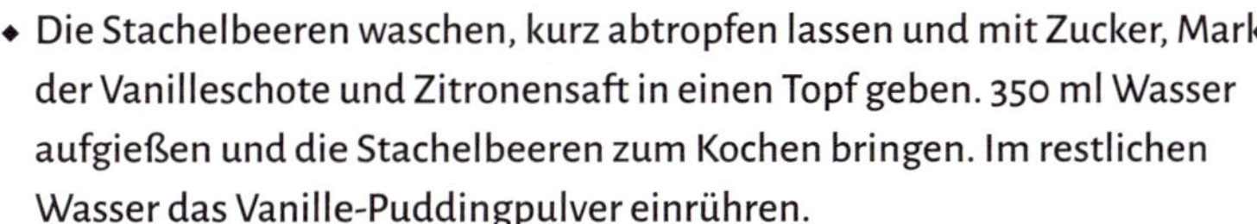

**500 g frische Stachelbeeren**
**175 g Zucker**
**Mark einer Vanilleschote**
**2 EL Zitronensaft**
**500 ml kaltes Wasser**
**1 Pck. Vanille-Puddingpulver zum Kochen**

- Die Stachelbeeren waschen, kurz abtropfen lassen und mit Zucker, Mark der Vanilleschote und Zitronensaft in einen Topf geben. 350 ml Wasser aufgießen und die Stachelbeeren zum Kochen bringen. Im restlichen Wasser das Vanille-Puddingpulver einrühren.
- Nachdem dem Aufkochen den Topf mit den Stachelbeeren vom Herd nehmen und die Vanillemischung unter Rühren in die heiße Masse einrühren. Erneut auf den Herd stellen und unter Rühren aufkochen lassen.
- Grütze in Schälchen füllen. Entweder warm servieren oder zuvor eine Stunde kaltstellen.

**Am besten schmeckt grüne Grütze mit Vanillesoße oder flüssiger Sahne, aber auch geschlagene Sahne, Milch oder Eis sind perfekte Begleiter.**

# Rote Grütze

**1 kg rote Früchte**
**(Erdbeeren, Kirschen,**
**Johannisbeeren, Himbeeren,**
**zu gleichen Teilen;**
**frisch oder tiefgekühlt)**
**200 ml roten Saft von den gekochten,**
**abgegossenen Früchten**
**250 ml Wasser**
**75 g Zucker**
**6 EL Speisestärke, gehäuft**

- Früchte mit Zucker mischen und mit Wasser bedeckt in einem Topf kurz aufkochen lassen, bis die Früchte weich sind. Früchte durch ein Sieb abgießen und den Saft auffangen.
- Den Saft in einen Topf geben. Ein kleine Menge Saft abnehmen, die Speisestärke darin glattrühren und in den übrigen Saft einrühren. Aufkochen lassen. Anschließend die Früchte hinzufügen und für weitere 5 Minuten köcheln lassen.
- Grütze in Schälchen füllen und etwa eine Stunde kaltstellen. Mit Vanillesoße, Vanilleeis oder Schlagsahne servieren.

# Sago

Der Name Sago kommt aus den papuanischen Sprachen und bedeutet so viel wie Brot, denn die Stärke der Sagopalme liefert auf vielen Inseln das Mehl für Brot und Fladen. Im 13. Jahrhundert brachte Marco Polo den ersten Sago nach Europa und berichtete von seiner großen Bedeutung für die Ernährung.

Sago dient als geschmacksneutrales Verdickungsmittel aus granulierter Stärke, das ursprünglich aus dem Mark der Echten Sagopalme gewonnen wurde. In Deutschland wird Sago allerdings oft aus Kartoffelstärke hergestellt. Selbst in Zeiten von Lebensmittelknappheit war er deshalb immer verfügbar und ein geschätztes Bindemittel.

# Rote Grütze mit Sago

**1 kg rote Früchte**
**(Erdbeeren, Kirschen, Johannisbeeren,**
**Himbeeren zu gleichen Teilen;**
**frisch oder tiefgekühlt)**
**200 ml Saft von den gekochten,**
**abgegossenen Früchten**
**250 ml Wasser**
**75 g Zucker**
**65 g Perlsago**

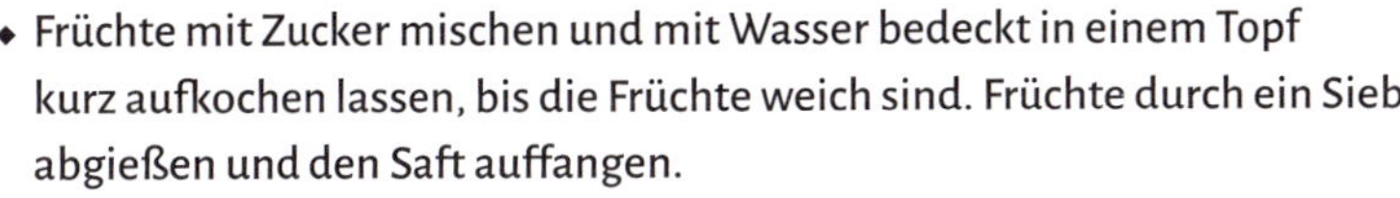

- Früchte mit Zucker mischen und mit Wasser bedeckt in einem Topf kurz aufkochen lassen, bis die Früchte weich sind. Früchte durch ein Sieb abgießen und den Saft auffangen.
- Den Saft in einen Topf geben und den Sago unter ständigem Rühren einstreuen. Etwa 30 Minuten unter gelegentlichem Rühren und bei geschlossenem Deckel köcheln lassen, bis die Sagokörner klar sind. Anschließend die Früchte hinzufügen, mit der Sagomasse verrühren und für weitere 5 Minuten köcheln lassen.
- Grütze in Schälchen füllen und mindestens drei Stunden – besser über Nacht – kaltstellen. Mit Vanillesoße, Vanilleeis oder Schlagsahne servieren.

# Quarkcreme mit roten Johannisbeeren

200 g Vanilleeis
250 g Magerquark
250 g rote Johannisbeeren
1 Pck. Vanillezucker
2 El Puderzucker
125 ml Sahne

- Die Johannisbeeren abspülen, vorsichtig von den Rispen abstreifen und pürieren. Einige Beeren beiseitelegen.
- Die Sahne steif schlagen. Den Quark mit dem Vanillezucker und dem Puderzucker verrühren.
- Anschließend die pürierten Johannisbeeren und das leicht angetaute Vanilleeis dazugeben. Alles mit dem Mixer cremig schlagen.
- Zum Schluss die geschlagene Sahne unterheben, die Creme in Gläser oder Schälchen füllen und mit ein paar Beeren garnieren.

# Errötendes Mädchen

5 Blätter rote Gelatine oder
1 gestrichener TL Agar-Agar
1 unbehandelte Zitrone
500 ml Buttermilch
100 g Zucker
150 g Preiselbeerkonfitüre
150 g Schlagsahne

Für die Garnitur:
100 g Schlagsahne
1 EL Puderzucker
50 g Preiselbeerkonfitüre
125 g frische rote Johannisbeeren

- Gelatineblätter oder Agar-Agar etwa 5–10 Minuten in kaltem Wasser einweichen, vorsichtig mit der Hand ausdrücken. Die Zitrone heiß waschen und trocken tupfen. Die Schale anschließend fein abreiben und den Saft auspressen. Die Buttermilch mit Zitronensaft, Abrieb und Zucker glattrühren. Dann die Preiselbeerkonfitüre durch ein Sieb streichen und unterrühren.
- 150 ml Sahne steif schlagen, währenddessen 150 ml der Preiselbeer-Buttermilch in einem kleinen Topf leicht erwärmen. Die ausgedrückten Gelatineblätter möglichst einzeln in der warmen Buttermilchmischung auflösen. Die Mischung schließlich unter die übrige Buttermilch rühren und die Sahne nach und nach mit einem Schneebesen unterheben.
- Portionsförmchen (für Pudding oder Panna cotta) kalt ausspülen, die Creme hineingeben und dann zum Gelieren für mindestens fünf Stunden in den Kühlschrank stellen.
- Vor dem Anrichten die restliche Sahne mit Puderzucker vermischen und steif schlagen. Die Förmchen mit der fest gewordenen Masse kurz in heißes Wasser tauchen, damit sich die Creme leichter löst. Anschließend stürzen, mit der geschlagenen Sahne, der restlichen Preiselbeerkonfitüre und frischen Johannisbeeren garniert servieren.

# Welfenspeise

**Für 4 Portionen**

**Für die Creme:**
**500 ml Milch**
**40 g Speisestärke**
**50 g Zucker**
**1 Pck. Vanillezucker**
**125 g Schlagsahne**
**2 Eier**
**(Eiweiß für die Creme, Eigelb für die Weinschaumsoße)**

**Für die Weinschaumsoße:**
**250 ml Weißwein lieblich (z. B. Muskateller)**
**1 TL Speisestärke**
**30 g Zucker**
**1 EL Zitronensaft**
**2 Eigelb**
**(Eigelb für die Weinschaumsoße, Eiweiß für die Creme)**

- 400 ml Milch in einem Topf erhitzen. Die Speisestärke mit Zucker, Vanillezucker und 100 ml Milch glattrühren. Kurz bevor die Milch kocht, die Stärkemischung und die Sahne hinzufügen. Anschließend kurz aufkochen lassen, die Creme in eine Schüssel füllen und zur Seite stellen.
- Die Eier trennen. Das Eiweiß zu einem festen Schnee schlagen und locker unter die noch heiße Creme heben.
- Wasser in einen Topf füllen und zum Kochen bringen. In einem separaten Topf das Eigelb mit dem Zucker und der Speisestärke verquirlen. Weißwein und Zitronensaft dazu gießen, alles gut verrühren und anschließend den Topf ins Wasserbad hängen. So lange rühren, bis die Weinschaumsoße eindickt. Auf keinen Fall sollte die Masse kochen!
- Wenn beide Teile der Welfenspeise abgekühlt sind, zuerst die Creme in die Schälchen füllen und obenauf die Weinschaumsoße.

# Ostfriesische Teecreme

4 Blatt Gelatine
4 EL Ostfriesentee
100 g Zucker
3 Eigelb
100 ml Milch
250 g Sahne
1/2 Vanilleschote
100 g Rumrosinen
20 ml Rum

- Drei Blatt Gelatine in etwas kaltem Wasser einweichen. Den Tee mit 125 ml Wasser überbrühen und 2–3 Minuten ziehen lassen, dann 50 ml abnehmen.
- Zucker und Eigelb schaumig rühren.
- 50 g Sahne, Tee und Vanillemark aufkochen, vom Herd nehmen und die Zucker-Eigelb-Masse zugeben. Dann wieder aufsetzen und rühren, bis die Creme fast kocht. Vom Herd nehmen, die eingeweichte Gelatine in die warme Creme geben und verrühren. Anschließend kaltstellen.
- Restliche Sahne schlagen. Wenn die Creme an den Seiten fest wird, die geschlagene Sahne unterheben. Die Hälfte der Rumrosinen vorsichtig unter die Masse heben, in eine Schüssel füllen und kaltstellen.
- Nach 20 Minuten die übrigen Rumrosinen auf die kalte Creme legen.
- Rum erwärmen, das vierte Blatt Gelatine in Wasser einweichen, im Rum auflösen und zum Schluss die Flüssigkeit über die Rumrosinen gießen.

# Der Bratapfel

Kinder, kommt und ratet,
Was im Ofen bratet!
Hört, wie's knallt und zischt.
Bald wird er aufgetischt,
Der Zipfel, der Zapfel,
Der Kipfel, der Kapfel,
Der gelbrote Apfel.

Kinder, lauft schneller,
Holt einen Teller,
Holt eine Gabel!
Sperrt auf den Schnabel
Für den Zipfel, den Zapfel,
Den Kipfel, den Kapfel,
Den goldbraunen Apfel.

Sie pusten und prusten,
Sie gucken und schlucken,
Sie schnalzen und schmecken,
Sie lecken und schlecken
Den Zipfel, den Zapfel,
Den Kipfel, den Kapfel,
Den knusprigen Apfel.

# Bratapfel mit Marzipan, Zimtkrümeln und Vanillesoße

**Für 5 Portionen**

**5 kleine rote Äpfel (z. B. Boskoop)**
**40 g gehackte Haselnüsse**
**1 TL Butter**
**70 g Marzipanrohmasse**
**30 ml Rum**
**50 g Butter**
**30 g Korinthen**

**Für die Zimtkrümel:**
**50 g Butter**
**50 g Paniermehl**
**10 g Puderzucker**
**1 TL Zimt**

- Eine Auflaufform mit Butter einfetten. Kerngehäuse der Äpfel ausstechen, die gehackten Haselnüsse mit Marzipanrohmasse, Rum und Korinthen mischen und in die ausgehöhlten Äpfel füllen.
- Diese in die gefettete Form setzen und ca. 30 Minuten bei 200 °C Ober-/Unterhitze im vorgeheizten Backofen backen, bis die Äpfel weich und leicht gebräunt sind.
- Für die Zimtkrümel Butter in einer kleinen Pfanne schmelzen und die übrigen Zutaten darin rösten. Anschließend über die Äpfel streuen und mit Vanillesoße servieren.

# Marmeladen & Konfitüren

# Holunderblütengelee

**7 Holunderblütendolden**
**1 unbehandelte Zitrone**
**1 l Wasser**
**1 kg Gelierzucker (3:1)**

- Die Holunderblüten vorsichtig waschen und zusammen mit der in Scheiben geschnittenen Zitrone und dem Wasser in einen Topf geben. 24 Stunden ziehen lassen. Anschließend durch ein Tuch oder ein Sieb abseihen und die Flüssigkeit mit dem Gelierzucker aufkochen.
- Die heiße Masse in sterile Gläser mit Schraubverschluss füllen und 5 Minuten auf den Deckel stellen. Umdrehen und erkalten lassen.

# Erdbeer-Rhabarber-Marmelade

**500 g Erdbeeren**
**500 g Rhabarber**
**500 g Gelierzucker (2:1)**

- Den Rhabarber schälen und in etwa 2 cm lange Stücke schneiden. Die Erdbeeren waschen und vierteln. Die Fruchtstücke in einen Topf geben und bei mittlerer Hitze zu einem Mus köcheln lassen. Den Gelierzucker untermengen und 3 Minuten unter Rühren kochen lassen.
- Die heiße Marmelade in sterile Gläser mit Schraubverschluss füllen. Diese dann 5 Minuten auf den Kopf stellen, anschließend umdrehen und kalt werden lassen.

## Schwarz wie Pech

Die Blaubeere hat viele Namen, wie zum Beispiel Besing, Heidelbeere, Heubeer, Mollbeere, Mosbeere, Schwarzbeere, Waldbeere, Wildbeere, Zeckbeere. Im Norden ist die dunkle Beere traditionell als Bickbeere bekannt. Der Begriff kommt aus dem Niederdeutschen; „Pick" sagt man zum Pech, und das ist bekanntlich schwarz. Das heimische Superfood hat viele wertvolle Eigenschaften: Es unterstützt die Zellerneuerung, wirkt antientzündlich und senkt den Blutdruck.

# Blaubeermarmelade

**Für 5 Gläser**

**1 ½ kg Blaubeeren (frisch oder aufgetaut)**
**500 g Gelierzucker (3:1)**
**1 Vanilleschote**

- Blaubeeren waschen, zusammen mit dem Gelierzucker und dem ausgekratzten Vanillemark in einen großen Topf geben und etwa 3 Minuten aufkochen. Anschließend die Masse grob pürieren.
- Gläser mit Schraubverschluss à 300 g heiß ausspülen, die heiße Blaubeermarmelade einfüllen, sofort verschließen und umdrehen. 5 Minuten auf den Deckeln stehen lassen, dann die Gläser aufrecht stellen und auskühlen lassen.

**Kühl und dunkel lagern.**

# Apfel-Brombeer-Marmelade

**1 kg Äpfel (z. B. Boskoop)**
**500 g Brombeeren**
**500 g Gelierzucker (3:1)**

- Die Äpfel schälen, entkernen und in kleine Stücke schneiden. Die Brombeeren abspülen und ganz lassen. Dann die Früchte in einen Topf geben, den Zucker hinzufügen und das Ganze einige Stunden ziehen lassen. Die Masse zum Kochen bringen und rund 5 Minuten kochen lassen.
- Die heiße Marmelade anschließend in sterile Gläser mit Schraubverschluss füllen. Die Gläser für einige Minuten auf den Kopf stellen, anschließend umdrehen und abkühlen lassen.

## Klein aber oho

Die kleine orangefarbene Beere von der Küste ist eine wahre Vitamin C-Bombe. In 100 g Sanddorn steckt mehr Vitamin C als in einer Zitrone. Außerdem enthalten die Früchte Mineralstoffe wie Kalium, Calcium oder Magnesium und sind somit ein echtes Superfood.

# Sanddornmarmelade

**1 kg Sanddorn**
**500 g Gelierzucker (2:1)**
**100 ml Wasser**

- Sanddorn waschen, trockentupfen und die Beeren von den Stielen entfernen.
- Sanddornbeeren in Wasser aufkochen, bis sie platzen. Anschließend durch ein Sieb passieren und die Masse mit dem Gelierzucker vermischen. Unter Rühren etwa 4 Minuten kochen lassen.
- Die heiße Marmelade in sterile Gläser mit Schraubverschluss füllen und verschließen.
- Diese dann 5 Minuten auf den Kopf stellen, umdrehen und auskühlen lassen.

Quitte

# Quittenmarmelade

**1 ½ kg Quitten**
**1 l Wasser**
**2 Zimtstangen**
**1 Vanilleschote**
**1 Sternanis**
**500 g Gelierzucker (3:1)**

- Die Quitten gut waschen, sodass kein Flaum bleibt, halbieren, entkernen und eventuelle braune Stellen entfernen. In kleine Stücke schneiden. Quittenwürfel in 1 Liter Wasser garen und anschließend abkühlen lassen. Vanilleschote halbieren, auskratzen und mit Zimt und Sternanis zu den gegarten Quitten geben. Alles nochmals aufkochen.
- Zimt, Vanilleschote und Sternanis entnehmen und den Rest gut pürieren. Dann erneut aufkochen, Gelierzucker unterrühren und unter ständigem Rühren etwa 4 Minuten köcheln lassen. Die heiße Masse in sterile Gläser mit Schraubverschluss füllen. Die Gläser kurz auf den Kopf stellen, dann umdrehen und auskühlen lassen.

# Hagebuttenmarmelade

**1 kg Hagebutten (ohne Kerne und Blütenansätze)**
**750 ml Wasser**
**500 g Gelierzucker (2:1)**
**40 ml Zitronensaft**
**1 Vanilleschote**

- Die Hagebutten waschen, in einen Topf geben, mit Wasser aufkochen und etwa 40 Minuten köcheln lassen, bis sie weich sind. Die Hagebutten anschließend grob pürieren und durch ein Sieb streichen. Den Zitronensaft, das Vanillemark und den Gelierzucker unterziehen und unter ständigem Rühren aufkochen. Etwa 5 Minuten kochen lassen.
- Die heiße Marmelade in Gläser mit Schraubverschluss füllen, 5 Minuten auf den Deckel stellen. Dann umdrehen und auskühlen lassen.

# Bratapfel-Konfitüre

**Für 6 Gläser à 200g**

**800 g säuerliche Äpfel**
**(z. B. Boskoop oder Cox Orange)**
**50 g geschälte Mandeln**
**Saft von 2 unbehandelten Zitronen**
**Zitronenabrieb oder zwei Streifen Schale**
**1 Vanilleschote (Mark auskratzen und die Schote selbst mitkochen)**
**1 TL Zimt**
**500 g Gelierzucker (2:1)**
**100 ml Apfelsaft**
**60 g Rosinen**
**1 TL neutrales Pflanzenöl**

- Äpfel schälen, sorgfältig entkernen und kleinschneiden, Mandeln in einer Pfanne goldbraun rösten und auskühlen lassen.
- Äpfel, Zitronensaft, Apfelsaft, das Mark einer Vanilleschote (auch die Schote selbst mit aufkochen), Zimt, Zitronenschale bzw. Zitronenabrieb, Rosinen, geröstete Mandeln, 1 TL Pflanzenöl und Gelierzucker in einen Topf geben und 15 Minuten aufkochen.
- Vanilleschote und Zitronenschale entfernen und eine Gelierprobe machen.
- Anschließend alles in sterile Gläser mit Schraubverschluss füllen und die Gläser für etwa fünf Minuten auf den Kopf stellen. Dann umdrehen und auskühlen lassen.

# Getränke

# Fliedersekt

**Zutaten für 1 Liter**

**15 Holunderblütendolden**
**1 unbehandelte Zitrone**
**30 ml Apfelessig**
**300 g Zucker**
**2 ⅕ l Wasser**

- Die Stiele von den Blüten abschneiden und darauf achten, dass keine Insekten in den Blüten hängenbleiben. Zitrone waschen und in Scheiben schneiden.
- Holunderblüten, Zitronenscheiben und Apfelessig in eine Schüssel geben. Zucker in lauwarmem Wasser auflösen und über die Zutaten gießen. Alles bei Raumtemperatur dunkel und abgedeckt für 48 Stunden ziehen lassen.
- Die Flüssigkeit durch ein Leinentuch oder durch ein feines Sieb gießen und in eine zuvor ausgekochte Glasflasche füllen. Sekt zwei Wochen im Kühlschrank gären lassen.
- Der Fliedersekt hält sich gekühlt und ungeöffnet in einer Glasflasche mit Bügelverschluss ca. 3 Monate. Es empfiehlt sich, regelmäßig auf Schimmelbildung zu kontrollieren.

**Flaschen vorsichtig öffnen!**

# Zitronenbuttermilch

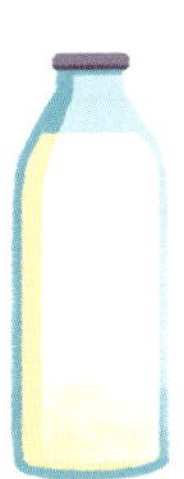

**1 l Buttermilch**
**2 unbehandelte Zitronen**
**1 TL Puderzucker**

Zitronen auspressen und die Schale einer Zitrone abreiben. Buttermilch, Zitronensaft und Zitronenabrieb gut miteinander verquirlen. Wer es nicht ganz so sauer mag, süßt mit Puderzucker, ansonsten schmeckt die sommerlich-frische Buttermilch gut gekühlt auch ohne.

# Holundersaft

**1 kg Holunderbeeren**
**400 ml Wasser**
**200 g Zucker**
**Saft von einer halben unbehandelten Zitrone**

- Holunderbeeren von den Stängeln lösen und gut säubern. Die Beeren mit 200 ml Wasser in einen Kochtopf geben und erhitzen. Auf niedriger Stufe sollten die Beeren etwa 15–20 Minuten kochen, bis sie leicht schrumpelig aussehen. Es ist gut, den Topf während der Kochzeit im Auge zu behalten, denn die Beeren kochen leicht über.
- Anschließend die Masse entweder in eine Flotte Lotte (Passiermühle) füllen und kräftig drehen, damit der ganze Saft aus den Beeren gedrückt wird oder ein Sieb mit einem sauberen Küchentuch in eine Schüssel legen. Die Beerenmasse in das Küchentuch geben und den Saft vollständig aus den Beeren quetschen. Vorsicht! Es könnte spritzen.
- Einen sauberen Topf auf den Herd stellen, den aufgefangenen Saft mit Zucker und Zitronensaft darin verrühren und das Ganze erneut zum Kochen bringen.
- Den heißen Saft durch einen Trichter in sterile Flaschen füllen und auskühlen lassen.

# Dithmarscher Eierkaffee

**5 l Wasser**
**2 Eier**
**250 g Kaffeepulver**

Wasser zum Kochen bringen, Eier aufschlagen und mit dem Kaffeepulver vermengen. Nach und nach etwas kaltes Wasser beimengen, bis die Masse zähflüssig wird. Dann langsam das heiße Wasser zugeben, alles noch einmal aufkochen und für ca. 2–3 Minuten kochen lassen.

**Schön heiß servieren!**

# Woher hat die Tote Tante ihren Namen?

Einer Legende nach war eine Dame von der nordfriesischen Insel Föhr nach Amerika ausgewandaert und dort schließlich verstorben. Es war ihr Wunsch, in der alten Heimat beigesetzt zu werden, sodass die Angehörigen die Urne der alten Dame nach Föhr überführen ließen. Weil ihnen der offizielle Weg aber zu teuer war, gaben sie die Urne kurzerhand einem Frachter mit, der Kakaobohnen und Rum geladen hatte. Zum Leichenschmaus gab es für alle heißen Kakao mit Rum und Sahne.

# Tote Tante

**für 4 Becher**

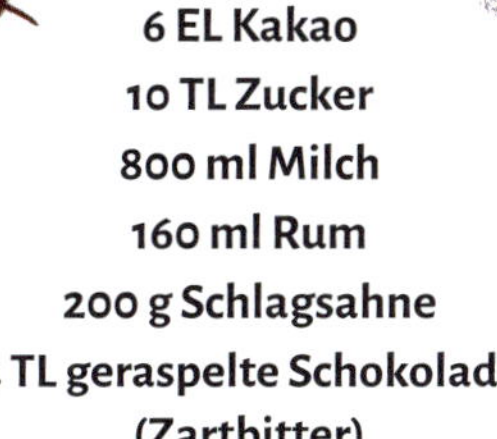

**6 EL Kakao**
**10 TL Zucker**
**800 ml Milch**
**160 ml Rum**
**200 g Schlagsahne**
**4 TL geraspelte Schokolade (Zartbitter)**

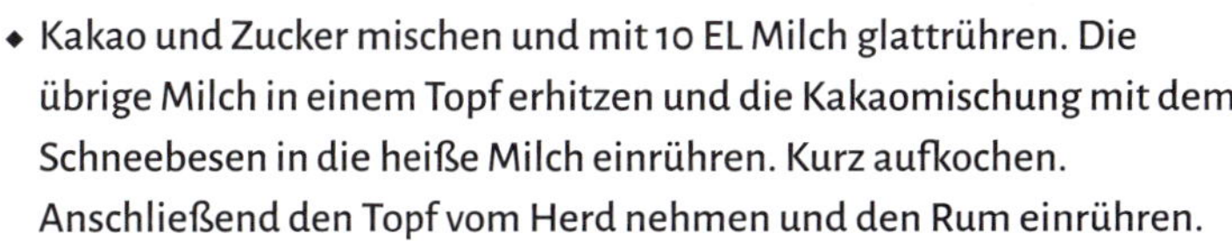

- Kakao und Zucker mischen und mit 10 EL Milch glattrühren. Die übrige Milch in einem Topf erhitzen und die Kakaomischung mit dem Schneebesen in die heiße Milch einrühren. Kurz aufkochen. Anschließend den Topf vom Herd nehmen und den Rum einrühren.
- Sahne schlagen, den heißen Kakao auf Trinkbecher verteilen, je einen Klecks Schlagsahne auf den Kakao setzen und mit geraspelter Schokolade bestreuen.

# Eierlikör

**10 Eigelb**
**(unbedingt frische Eier verwenden!)**
**200 g Puderzucker**
**1 Vanilleschote**
**1 Flasche Schnaps (Doppelkorn, Wodka oder weißer Rum)**
**200 g Sahne**

- Eigelb durch ein feines Sieb streichen, mit dem Puderzucker und dem ausgekratzten Mark der Vanilleschote mit dem Handmixer cremig rühren, bis sich der Puderzucker aufgelöst hat. Nach und nach den Schnaps zugießen.
- Die Sahne separat schlagen und mit der Vanilleschote in die Likörmasse geben. Alles kühl stellen. Nach einigen Stunden setzt sich der entstandene Schaum.
- Vor dem Servieren nochmals durch ein feines Sieb geben. Im Kühlschrank aufbewahren und innerhalb von drei Wochen verzehren.

# Bratapfelpunsch

2 Äpfel
500 ml Weißwein, trocken
500 ml Apfelsaft, naturtrüb
80 ml Calvados
50 g Honig
1 Zimtstange
Nelken
Sternanis
50 g gehackte Mandeln
400 g Schlagsahne
1 Pck. Vanillezucker
2 TL Zimt

- Die Äpfel schälen, entkernen und zerkleinern, dann in einen Topf geben und Weißwein, Apfelsaft, Calvados, Honig und Gewürze hinzufügen. Das Ganze aufkochen, etwa 20 Minuten köcheln lassen, zur Seite stellen und ziehen lassen.
- Die Mandeln ohne Fett goldbraun rösten und anschließend auf Backpapier abkühlen lassen.
- Die Sahne mit Zimt und Vanillezucker steifschlagen. Anschließend den Bratapfelpunsch durch ein Sieb abgießen und erneut erhitzen.

**Mit Schlagsahne und Mandelkrokant servieren.**

# Die scheinheiligen Pharisäer

Der Legende nach lebte im 18. Jahrhundert auf der nordfriesischen Insel Nordstrand ein besonders asketischer Pastor. In seiner Gegenwart trank man normalerweise keinen Alkohol. Nun sollte aber eine Taufe gefeiert werden, und die Eltern des Täuflings wollten mit ihren Gästen auf das Wohl des Kindes anstoßen. Also ersannen sie eine List und erfanden eine köstliche Kaffeespezialität, unter deren Sahnehaube der Rum im heißen Kaffee verdunstete, sodass es nicht nach Alkohol roch. Der Pastor selbst bekam einen ganz gewöhnlichen Kaffee mit Sahne. Als er der immer fröhlicher werdenden Festgesellschaft schließlich doch auf die Schliche kam, rief er voller Empörung aus: „Ihr Pharisäer!“, und hatte damit auch das köstliche Getränk getauft.

# Pharisäer

**für 4 Kaffeetassen**

**4 Stück Würfelzucker**
**16 cl braunen Rum**
**4 Tassen mit starkem Kaffee**
**200 g Schlagsahne**
**Kakaopulver zum Bestäuben**

- Den Würfelzucker in eine vorgewärmte Tasse geben. Darüber den braunen Rum gießen und mit dem heißen Kaffee auffüllen.
- Anschließend den lecker duftenden Pharisäer mit einem ordentlichen Klecks Sahne vollständig zudecken und zum Schluss mit Kakaopulver bestäuben.

# Rumtopf

**Jeweils 500 g reifes Obst der Saison**
**(Erdbeeren, Kirschen, Aprikosen,**
**Himbeeren, Mirabellen, Birnen),**
**ohne braune Stellen**
**Jeweils 250 g Zucker**
**1 Flasche Rum 54 %**
**(für 750 g gezuckerte Früchte)**
**Mengenverhältnis Früchte zu Zucker ist 2:1**

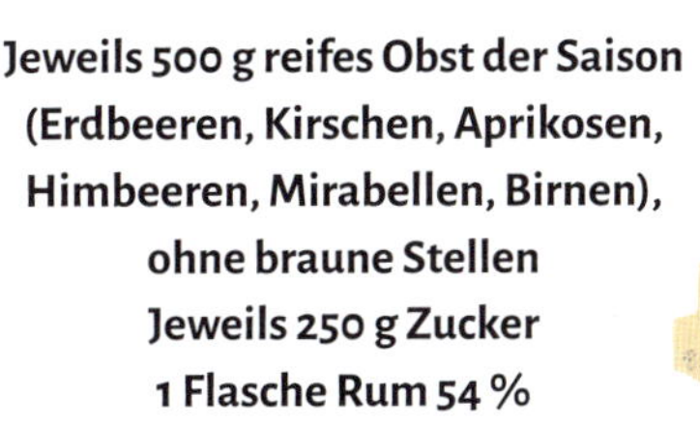

- Den Rumtopf in einem möglichst geradwandigen Steingutgefäß (5 l) mit Deckel ansetzen und kühl und dunkel lagern.
- Im Mai oder Juni wird der Rumtopf mit Erdbeeren angesetzt. Die ganzen Früchte putzen, trocknen und zuckern. Anschließend mit Rum übergießen, sodass sie fingerbreit bedeckt sind. Einen Teller auf die Erdbeeren stellen, damit sie nicht schwimmen.
- Im Juli entsteinte Kirschen hinzufügen und die Prozedur wiederholen.
- Im August folgen Aprikosen und Himbeeren, im September Mirabellen und im Oktober Birnen. Das Obst immer mit der halben Gewichtsmenge zuckern und anschließend mit Rum übergießen, sodass die Früchte stets von Alkohol bedeckt sind.
- Vier Wochen nach der letzten Obstschicht eine halbe Flasche Rum in das Gefäß geben.
- Insgesamt ein halbes Jahr ruhen lassen und zu Weihnachten mit Schlagsahne servieren oder über Vanilleeis genießen.

# Frische Früchte

## ein regionaler Saisonkalender

| | Januar | Februar | März | April | Mai | Juni |
|---|---|---|---|---|---|---|
| Äpfel | ○ | ○ | ○ | ○ | | |
| Aprikosen | | | | | | |
| Birnen | | | | | | |
| Blaubeeren | | | | | | ● |
| Brombeeren | | | | | | |
| Erdbeeren | | | | | | ● |
| Hagebutten | ● | | | | | |
| Himbeeren | | | | | | ● |
| Holunderbeeren/Flieder | | | | | | |
| Holunderblüten | | | | | | ● |
| Johannisbeeren | | | | | | ● |
| Kirschen | | | | | | |
| Mirabellen | | | | | | |
| Pflaumen | | | | | | |
| Quitten | | | | | | |
| Rhabarber | | | | ● | ● | ● |
| Sanddorn | | | | | | |
| Stachelbeeren | | | | | | |

● Die Früchte sind aus geschütztem Anbau verfügbar.

○ Die Früchte sind als Lagerware aus heimischem Anbau verfügbar.

| Juli | August | September | Oktober | November | Dezember |
|---|---|---|---|---|---|
| ● | ● | ● | ● | ○ | ○ |
| ● | ● | | | | |
| ● | ● | | | ○ | ○ |
| ● | ● | ● | | ○ | ○ |
| ● | ● | ● | | | |
| ● | | | | | |
| | | ● | ● | ● | ● |
| ● | ● | | | | |
| | | ● | ● | | |
| ● | | | | | |
| ● | ● | | | | |
| ● | ● | | | | |
| ● | ● | ● | | | |
| ● | ● | ● | | | |
| | | ● | ● | ● | |
| ● | | | | | |
| | ● | ● | | | |
| | ● | ● | | | |

# Register

# Tante Trine dankt

Anja, Tante Anne, Mama Anneliese, Barbara, Oma Berta, Birgit, Britta, Brunhilde, Oma Christa, Daniela, Dörte, Oma Elisabeth, Oma Ida, Oma Ingeborg, Jens, Jochen, Karin, Maren, Monika, Nicola, Richard, Sebastian, Silke, Susanne, Mama Tiffy, Oma Timm, Traute, Yasmin

# Auf den Geschmack gekommen?

## Noch mehr Leckereien mit Julia Beutling

**Knipp, Kohl & Klaben**
Bremer Kult-Rezepte
128 Seiten, Hardcover, € 16,90 [D]
ISBN 978-3-7961-1046-7

**Fischer Fritzes frische Fische**
Rezepte von der Waterkant
128 Seiten, Hardcover, € 16,90 [D]
ISBN 978-3-7961-1101-3

**Bauer Boltes bestees Gemüse**
Vegetarische Rezepte für Nordlichter
128 Seiten, Hardcover, € 16,90 [D]
ISBN 978-3-7961-1102-0

Die Deutsche Nationalbibliothek verzeichnet diese Publikation in der Deutschen Nationalbibliografie; detaillierte bibliografische Daten sind im Internet über http://dnb.dnb.de abrufbar.

**IMPRESSUM**



www.schuenemann-verlag.de

1. Auflage 2022



Illustrationen: Julia Beutling

Redaktion: Monika Thiele, Yasmin Ehlers

Satz und Buchgestaltung: Karin Hannemann

Gesamtherstellung: Carl Schünemann Verlag

Printed in EU 2022 | ISBN 978-3-7961-1159-4

Besuchen Sie uns auch auf Instagram und Facebook!